Wie läuft der Wasserläufer
auf dem Wasser?

Können Fische pupsen?

Warum fallen Fliegen nicht
von der Decke runter?

Wie alt wird
die Eintagsfliege?

Bekommen Tiere
auch Fieber?

Sind Blindschleichen blind?

Warum ändert
das Chamäleon seine Farbe?

Können Schmetterlinge hören?

Fallen Zecken
von den Bäumen herab?

Wie laut sind Zikaden?

Impressum

Band 5 der Reihe
„Was Kinder wissen wollen“
Velber Verlag
5. Auflage 2008

Illustrationen: Detlef Kersten
Coverfoto: Arco Digital Images
Fotos: Frank Hecker (11, 13, 33, 35, 37); Dr. F. Sauer / Frank Hecker (17, 21k, 23, 33); Juniors Bildarchiv (7); Reinhard Tierfoto (25); Okapia (9); Jayne E. Yack (41); istockphoto (15, 19, 21g, 27, 29, 31, 39, 43, 45)

Text und Redaktion: Ulrike Berger
Layoutentwurf: Christoph von Herrath
Layout: Anja Schmidt
Druck und Bindung: ADM GmbH, Italien

ISBN 978-3-86613-227-6

Können Schmetterlinge hören?

Verblüffende Antworten über kleine Tiere

velber

Wie stark ist eine Ameise?

Ameisen sind winzige Insekten. Millionen von ihnen leben zusammen in einem Ameisenstaat. Neben der Königin und den Männchen gibt es viele Arbeiterinnen. Diese sorgen zum Beispiel für Nahrung. Dabei vollbringen sie wahre Höchstleistungen: Sie tragen Lasten, die viel schwerer sind als sie selbst! Zum Beispiel Blätter oder Äste. Wie viel Kraft eine Ameise dazu braucht, kannst du durch einen Vergleich verstehen: Wenn wir so stark wären wie eine Ameise, könnten wir mühelos mehrmals am Tag alleine einen Schrank über eine Leiter mehrere Stockwerke nach oben tragen!

Übrigens:
Auf der Erde leben acht Millionen Mal so viele Ameisen wie Menschen!

Name:	Rote Waldameise
Größe:	4 bis 11 mm
Heimat:	Europa, Sibirien, Nordamerika
Nahrung:	kleine Insekten, Honigtau

Warum leuchten Glühwürmchen?

Name: Leuchtkäfer/ Glühwürmchen
Größe: 12 bis 20 mm
Heimat: weltweit

Vor allem im Juni kannst du auf den Wiesen ein Funkeln beobachten. Es stammt von Leuchtkäfern. Die Männchen fliegen durch die Luft und senden Lichtsignale aus. Die Weibchen, die nicht fliegen können, sitzen im Gras und auf Blättern. Sie sehen die Männchen und antworten mit genau dem gleichen Lichtsignal. Weil die Weibchen wie Würmer aussehen, werden sie Glühwürmchen genannt. Die Farbe des Lichtes und die Art des Signals ist wie eine Geheimsprache zwischen den verschiedenen Glühwürmchen-Arten. So finden sich immer die richtigen Männchen und Weibchen.

Übrigens:
Glühwürmchen werden auch Johanniswürmchen genannt. Denn sie fliegen besonders gehäuft rund um den Johannistag, den 24. Juni.

Wie bewegt sich der Regenwurm?

Der Regenwurm hat keine Füße. Trotzdem kann er sich gut bewegen. Denn er hat ganz besondere Muskeln. Sein ganzer Körper ist ein Schlauch aus kreisrunden Hautmuskeln. Diese sind wie breite Gummibänder, die sich zusammenziehen und wieder ausdehnen können.
Beobachte einen Regenwurm einmal genau. Du wirst sehen, dass er immer an einer Stelle lang und dünn ist, danach wieder kurz und dick. An einer Stelle streckt er sich also, dann zieht er den Rest seines Körpers nach. So schiebt er sich über den Boden.

Name:	Regenwurm
Größe:	bei uns bis 35 cm
Heimat:	weltweit
Nahrung:	verrottete Pflanzen

Welches ist das kleinste Säugetier?

Das kleinste Säugetier dieser Erde ist die Zwergspitzmaus, genauer: die etruskische Zwergspitzmaus. Sie wiegt nur zwei Gramm und wird, ohne Schwanz gesehen, nicht einmal so groß wie ein Finger – nämlich höchstens fünf Zentimeter. Seinen Schwanz benutzt das kleine Tier wie eine fünfte Hand und klettert damit wie ein Akrobat über Äste und Halme.
Spitzmäuse müssen ständig fressen, damit sie nicht verhungern. Deswegen schlafen sie auch nur zwei bis drei Stunden. Und dann geht's wieder auf die Jagd.

Übrigens:
Spitzmäuse sind keine Mäuse! Denn sie sind keine Nagetiere, sondern gehören zu den Insektenfressern. Also sind sie mit Igeln und Maulwürfen verwandt!

Name:	Zwergspitzmaus
Größe:	etwa 5 cm
Heimat:	weltweit, außer Australien und Südamerika
Nahrung:	Insekten, Spinnen

Können Vögel rückwärts fliegen?

Name: Kolibri
Größe: 5 bis 20 cm
Heimat: Amerika, hauptsächlich in Äquatornähe
Nahrung: Blütennektar

Es gibt nur einen einzigen Vogel, der rückwärts fliegen kann: Das ist der Kolibri! Kolibris können nicht nur rückwärts, sondern auch seitwärts fliegen. Oder sogar mit dem Kopf nach unten! Und wenn sie mit ihrem langen Schnabel an einer Blüte Nektar trinken, schwirren sie wie ein Hubschrauber auf der Stelle.
Dabei schlagen Kolibris achtzig Mal pro Sekunde mit den Flügeln. Das ist so schnell, dass unser Auge diese Bewegungen gar nicht mehr erkennen kann.
Solche Flugkünste brauchen viel Kraft. Deshalb müssen Kolibris täglich die Hälfte ihres Körpergewichtes an Nahrung zu sich nehmen.
Wie viel Kilogramm müsstest du dann jeden Tag entsprechend essen?

Übrigens:
Kolibris sind die kleinsten Vögel der Welt: Der Hummelkolibri wird nur fünf Zentimeter groß!

Können nur Fische unter Wasser atmen?

Fische atmen unter Wasser mit ihren Kiemen. Auch andere Tiere, zum Beispiel Krebse, haben Kiemen und können daher ebenfalls unter Wasser atmen. Tiere mit Lungen können nur so lange unter Wasser bleiben, wie sie die Luft anhalten können.
Wir Menschen haben eine andere Möglichkeit gefunden: Wenn wir lange tauchen wollen, können wir Luft in Sauerstoff-Flaschen mitnehmen.
Manche Insekten haben diesen Trick schon lange vor uns Menschen erfunden: zum Beispiel die Wasserspinne. Sie sammelt einfach in ihrem Spinnennetz so viel Luft an, dass sie immer im Wasser leben kann. Dazu trägt sie mit dem Hinterleib von der Wasseroberfläche Luftblasen in ihr Unter-Wasser-Netz.
Die Wasserspinne ist die einzige völlig unter Wasser lebende Spinne!

Name:	Wasserspinne
Größe:	8 bis 15 mm
Heimat:	Europa und Asien
Nahrung:	Wasserinsekten

Der Biss der Wasserspinne ist giftig und wirkt ähnlich wie der Stich einer Biene.

Wer lebt eigentlich in einer Muschel?

Eine Muschel ist ein Tier, das eigentlich keinen richtigen Kopf hat. Ihr Mund ist direkt an ihrem Körper angewachsen, genauso wie ihr einziger Fuß. Mit diesem Fuß kann sie über den Meeresgrund laufen und sich auch fest verankern. So wird sie vom Meer nicht fortgespült. Muscheln ernähren sich von Plankton, das sind winzige Tiere und Pflanzen. Die Muschel öffnet ihren Mund, damit Wasser hereinströmt. Dann pumpt sie das Wasser wieder zu den Kiemen hinaus. Die Kiemen sind wie ein Sieb. Das Futter bleibt darin hängen.

Übrigens:
Wusstest du, dass Muscheln zur gleichen Tierfamilie gehören wie Tintenfische und Schnecken?

Müssen Bienen sterben, wenn sie stechen?

Eigentlich sind Bienen friedliche Tiere. Nur, wenn sie sich angegriffen fühlen, kann es sein, dass sie stechen. Der Stachel an ihrem Hinterleib ist mit kleinen Widerhaken versehen. Wenn eine Biene Insekten oder Vögel sticht, dann kann sie ihren Giftstachel wieder herausziehen und weiterfliegen.
Die menschliche Haut ist aber viel fester. Wenn die Biene dort hineinsticht, bleibt ihr Stachel mit den Widerhaken in der dicken Haut hängen. Die Biene versucht dann verzweifelt, ihren Stachel wieder herauszuziehen. Leider reißt dabei fast immer der Stachel mit einem Teil des Hinterleibs ab. Darum müssen Bienen meist sterben, wenn sie einen Menschen stechen.

Name:	Honigbiene
Größe:	0,3 bis 2,7 cm
Heimat:	weltweit
Alter:	30 Tage (Arbeiterin im Sommer) bis 4 Jahre (Königin)
Nahrung:	Nektar, Pollen

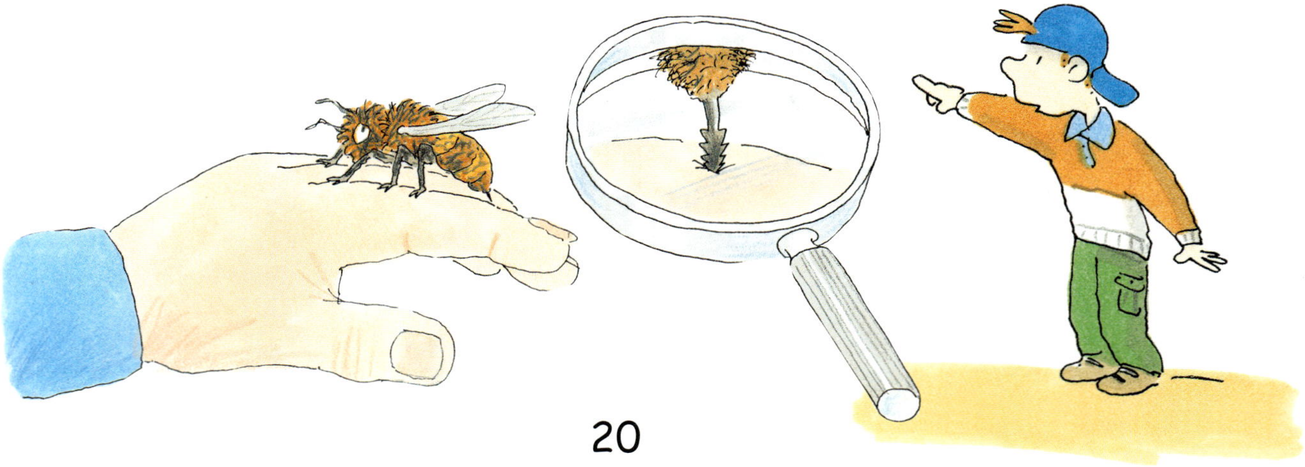

Wie gefährlich sind Hornissenstiche?

„Drei Hornissenstiche töten einen Menschen, fünf ein Pferd“, sagt ein altes Sprichwort. Das stimmt aber nicht!
Hornissen sind sehr scheue, friedliebende Tiere und greifen viel später an als Bienen oder Wespen. Wenn sie doch mal stechen sollten, dann ist die Wirkung auch nicht schlimmer als bei Bienen.
Hornissen sind inzwischen fast ausgestorben. Die Wahrscheinlichkeit, den Riesenbrummern zu begegnen, ist daher sehr gering.

Übrigens:
Im Herbst sterben die Hornissen. Nur junge Königinnen überleben und gründen im Mai ein neues Hornissenvolk mit bis zu 700 Tieren.

Name:	Hornisse
Größe:	18 bis 35 mm
Heimat:	Mitteleuropa, Asien, Nordamerika
Nahrung:	Insekten, Fallobst

Krabbelt der Ohrwurm wirklich in die Ohren?

Der Ohrwurm, Ohrenkneifer – oder wie auch immer er genannt wird – ist völlig harmlos. Das scheue kleine Insekt versteckt sich tagsüber in Blumenkästen, unter Brettern und Kisten. Am liebsten verspeist er Pflanzenschädlinge, zum Beispiel Blattläuse. Mit seinen auffälligen Zangen packt er dieses Ungeziefer – und ist also ein nützliches Tier für uns Menschen!
Der Ohrwurm kriecht nicht in das menschliche Ohr. Abgesehen davon, dass er dort nichts zu fressen findet, verträgt das Tier unser bitteres Ohrschmalz nicht. Die Angst vor dem kleinen Kerl ist also völlig unbegründet.

Name:	Ohrwurm
Größe:	10 bis 16 mm
Heimat:	weltweit
Nahrung:	pflanzliche und tierische Nahrung

Übrigens:
Ohrwürmer heißen zwar Würmer, sind aber Insekten!

Wie läuft der Wasserläufer auf dem Wasser?

Ob du es glaubst oder nicht – Wasser hat eine Haut. So nennt man die Oberflächenspannung des Wassers. Diese „Haut“ ist zwar sehr dünn, aber gerade so stark, dass ein Wasserläufer darauf laufen kann. Er winkelt seine Beine immer etwas an, sodass sie nicht durch die Haut stechen. Außerdem sind an den Enden der Beine ganz viele feine Härchen, die das Wasser etwas abstoßen. Mit jedem einzelnen Bein steht der Wasserläufer also wie ein Wasserskiläufer auf dem Wasser.

Übrigens:
Wenn Wasserläufer schnell vorwärts kommen wollen, geben sie einen Tropfen Flüssigkeit nach hinten ab. Die Flüssigkeit reißt hinter ihnen die Wasserhaut auf – und die Wasserläufer „schießen“ nach vorne.

Name: Wasserläufer
Größe: 8 bis 10 mm (Körper)
Heimat: weltweit; an stehenden Gewässern
Nahrung: kleine Insekten, die ins Wasser gefallen sind

Können Fische pupsen?

Wenn Tiere oder Menschen Nahrung im Magen verdauen, entsteht dabei Luft. Diese Luft muss wieder aus dem Magen raus. Entweder durch Rülpsen – oder durch Pupsen. Auch Fische verdauen Nahrung. Daher ensteht auch in ihrem Magen Luft, die wieder raus muss. Das ist bei Fischen ganz besonders wichtig. Denn wenn sie zu viel Luft im Magen ansammeln, zieht diese Luft sie nach oben an die Wasseroberfläche.

Fische, die sich von Pflanzen ernähren, haben besonders viel Luft im Magen. Diese Luft steigt dann sogar gut sichtbar in kleinen Luftbläschen nach oben: Fische pupsen also – aber ganz lautlos!

Ein Experiment:

Versuche, einen aufgeblasenen Wasserball unter Wasser zu drücken: Das ist nicht möglich. Erst, wenn du fast alle Luft herausgelassen hast, geht das. So ist das auch bei Fischen. Die Luft muss aus ihrem Magen raus, damit sie unter Wasser bleiben können!

Name:	Orient-Süßlippe
Größe:	bis 50 cm
Heimat:	tropische Meere
Nahrung:	Würmer, Muscheln, Fische

Warum fallen Fliegen nicht von der Decke runter?

An jedem Fliegenfuß befinden sich scharfe Krallen. Da Wände und Decken nie ganz glatt sind, kann sich die Fliege mit den Krallen in diesen Unebenheiten festhalten – und sogar mit dem Kopf nach unten an der Decke hängen. Die winzigste Unebenheit reicht dafür aus! Zusätzlich sind an den Krallen noch eine Menge klebriger Haare. Damit kann die Fliege sogar an spiegelglatten Flächen kopfüber sitzen.

Name:	Goldfliege
Größe:	5 bis 11 mm
Heimat:	Europa, Asien Nordamerika
Nahrung:	Abfälle, Aas, Mist

Übrigens:
Die Füße der Fliege sind nicht nur ihre Krallen, sondern auch ihre „Vorkoster“: Sie probiert ihre Nahrung mit den Vorderfüßen.

Wie alt wird die Eintagsfliege?

Eine Eintagsfliege wird nur wenige Stunden, höchstens zwei bis drei Tage alt. Diese kurze Zeit reicht aber völlig aus. Denn der einzige Lebenszweck der Eintagsfliege besteht darin, einen Partner zu finden und Eier zu legen. Und das geht bei der Eintagsfliege sehr schnell!

Name:	Eintagsfliege
Größe:	bis 3,5 cm
Heimat:	weltweit, außer Australien

Das Weibchen klebt nach der Paarung zwischen 100 und 1000 Eier unter Pflanzen und Steine am Gewässergrund. Aus den Eiern schlüpfen Larven, die zwei bis drei Jahre unter Wasser leben.

Übrigens:
Während ihrer kurzen Lebenszeit über Wasser frisst die Eintagsfliege nichts. Sie hat keine Mundwerkzeuge! Die Eintagsfliege lebt von dem, was sie sich in ihrer mehrjährigen Larvenzeit angefressen hat.

Unterwasser-Larve

Bekommen Tiere auch Fieber?

Fieber ist eine gesunde Reaktion des Körpers: Die Körpertemperatur steigt und dadurch wird es Bakterien oder Viren, die den Körper schädigen wollen, zu heiß. Aber nur bei „gleichwarmen" Lebewesen ist der Körper in der Lage, seine Temperatur selbst zu ändern: Menschen, mit ihnen natürlich alle Säugetiere, und Vögel haben immer die gleiche Temperatur (Menschen 37 °C, Vögel 41 °C). Es gibt nur eine Ausnahme: Der Körper fiebert, um gesund zu werden.
Bei Eidechsen und anderen „wechselwarmen" Tieren entspricht die Körpertemperatur meist der Außentemperatur. Diese Tiere brauchen Sonne, damit sie warm werden. Denn die Tiere können ihre Körpertemperatur nicht selbst regeln. Aber Eidechsen sind schlau! Wenn sie krank sind, bleiben sie einfach länger in der Sonne. Dann heizen sie weiter auf, bekommen „Fieber" – und die Bakterien verbrennen.

Name:	Smaragd-Eidechse
Größe:	bis 50 cm (davon sind 30 cm Schwanz)
Heimat:	Spanien bis Asien
bei uns:	Kaiserstuhl, Mosel
Nahrung:	Insekten, Spinnen, Würmer, Schnecken

Sind Blindschleichen blind?

Blindschleichen haben Augen wie alle anderen Reptilien auch. Sie bekamen ihren Namen nur deshalb, weil ihre glänzende Haut blendet, wenn die Sonne darauf fällt!

Name:	Blindschleiche
Größe:	30 bis 40 cm
Heimat:	Europa, Westasien, Nordafrika
Nahrung:	Nacktschnecken, Würmer, Insekten

Übrigens:
Blindschleichen sind keine Schlangen und daher auch völlig ungefährlich. Sie sind Echsen – und manchmal, wenn man genau hinschaut, kann man ihre vier zurückgebildeten Beinchen noch erkennen. Außerdem haben sie wie alle anderen Echsen Augenlider und können diese schließen – Schlangen können das nicht!

Warum ändert das Chamäleon seine Farbe?

Das Chamäleon kann seine Farbe ändern! Manche Menschen meinen, das Chamäleon tut das, um nicht entdeckt zu werden. Das stimmt aber nicht!
Das Chamäleon verändert seine Farbe, wenn die Luft wärmer wird oder kälter. Seine Farbe verändert sich, wenn es Angst hat oder sich ärgert. Und wenn dem Chamäleon-Männchen ein Weibchen besonders gut gefällt, ändert es vor Freude seine Farbe.
Die Änderung der Farbe hat also nur mit der Stimmung des Chamäleons oder dem Wetter zu tun.

Übrigens:
Das Chamäleon kann seine Farbe nur in bestimmten Grün- oder Brauntönen verändern. Es kann nie rot oder blau werden.

Können Schmetterlinge hören?

Früher dachte man, Schmetterlinge können nicht hören. Aber inzwischen haben Forscher einen tropischen Nachtfalter gefunden, der sogar ganz besonders gut hören kann!
Seine Ohren sitzen nicht am Kopf wie bei uns, sondern ganz vorne an den vorderen Flügel. Mit diesen Ohren ist er sogar in der Lage, die Ultraschallsignale zu hören, die von Fledermäusen ausgestoßen werden! Sobald der Nachtfalter diese Töne hört, fliegt er sofort in eine andere Richtung und bringt sich vor den Fledermäusen in Sicherheit.

Name:	Macrosoma heliconiaria
Größe:	25 bis 50 mm
Heimat:	Panama

Übrigens:
So kannst du den Unterschied zwischen Tag- und Nachtfaltern erkennen: Tagfalter falten ihre Flügel nach oben. Nachtfalter schlagen sie nach unten ein.

Das Schmetterlings-Ohr fotografiert unter einem Elektronenmikroskop

Fallen Zecken von Bäumen herab?

Wenn ihr im Frühling endlich wieder raus ins Freie könnt, freuen sich auch die Zecken darüber. Denn die Zecken ernähren sich von Blut.
Nur dreimal im Leben müssen die Zecken Blut trinken. Zwischen den einzelnen Mahlzeiten können sie Monate, sogar Jahre auf Blut warten. Am liebsten zapfen sie zwar Tiere an, zur Not aber auch uns Menschen. Zecken sitzen im Gras oder im Gebüsch. Sie können nicht sehen, aber sie riechen ausgezeichnet. So riechen sie schnell, wenn ein Opfer näher kommt. Mit einem Schlag sind sie hellwach. Sie hoffen darauf, dass ihr Opfer ganz nahe an ihnen vorbeiläuft. Dann klettern sie einfach von ihrem Grashalm zu ihm hinüber und die Mahlzeit kann beginnen.
Von Bäumen lassen sich Zecken also nicht fallen. Die Gefahr, das Opfer zu verfehlen und wieder monatelang warten zu müssen, wäre wohl zu groß.

Name:	Zecke, Holzbock
Größe:	1 bis 2 mm; vollgesogen bis 1 cm
Klasse:	Spinnentiere
Heimat:	Mittel-, Ost- und Nordeuropa, Nordamerika, Australien

Wie laut sind Zikaden?

Manchmal kannst du im Sommer Zikaden hören. Genauer gesagt: die Zikaden-Männchen. Sie schaben ihre Füße an ihrem Panzer.
Dieses Geräusch hört ein Zikaden-Weibchen sogar noch aus über vier Kilometern Entfernung! Selbst wir Menschen können Zikaden noch aus einer Entfernung von einem Kilometer hören.
Sing-Zikaden gehören daher neben Brüllaffen und Papageien zu den lautesten Tieren der Welt.

Name:	Sing-Zikade
Größe:	22 bis 55 mm
Heimat:	weltweit in wärmeren Regionen
Nahrung:	Pflanzensäfte, Wurzeln
Alter:	als Larve bis zu 17 Jahre

Was Kinder wissen wollen

In der Reihe „Was Kinder wissen wollen“ sind bereits folgende Titel erschienen:

Was wäscht der Waschbär?
Verblüffende Antworten aus der Tierwelt
ISBN 978-3-86613-072-2

Woher kommen Blitz und Donner?
Verblüffende Antworten über Himmel und Erde
ISBN 978-3-86613-073-9

Warum haben wir zehn Zehen?
Verblüffende Antworten über den Körper
ISBN 978-3-86613-200-9

Wie kommen die Streifen in die Zahnpasta?
Verblüffende Antworten aus dem Alltag
ISBN 978-3-86613-201-6

Hatten Dinos Karies?
Verblüffende Antworten über die Saurier
ISBN 978-3-86613-239-9

Woher weiß der Toast, wann er fertig ist?
Verblüffende Antworten aus dem Alltag
ISBN 978-3-86613-240-5

Wie viele Höcker hat ein Kamel?
Verblüffende Antworten aus der Tierwelt
ISBN 978-3-86613-256-6

Wie spült die Klospülung?
Verblüffende Antworten über Technik
ISBN 978-3-86613-257-3

Können Schmetterlinge hören?
Verblüffende Antworten über kleine Tiere
ISBN 978-3-86613-227-6

Was spuckt ein Vulkan?
Verblüffende Antworten über Naturgewalten
ISBN 978-3-86613-228-3

Wo ist im Weltalll oben und unten?
Verblüffende Antworten über den Kosmos
ISBN 978-3-86613-237-5

Warum knallt die Knallerbse?
Verblüffende Antworten über Pflanzen
ISBN 978-3-86613-238-2

Wie kommt der Ritter in die Rüstung?
Verblüffende Antworten über das Mittelalter
ISBN 978-3-86613-270-2

Wie macht die Kuh die Milch?
Verblüffende Antworten über den Bauernhof
ISBN 978-3-86613-269-6

Können Fische rülpsen?
Verblüffende Antworten über das Meer
ISBN 978-3-86613-282-5

Warum hat ein Bagger Zähne?
Verblüffende Antworten über Baustellen
ISBN 978-3-86613-283-2

Warum stinkt der Käse?
Verblüffende Antworten über Essen und Trinken
ISBN 978-3-86613-293-1

Warum tragen Indianer Federn?
Verblüffende Antworten über Indianer
ISBN 978-3-86613-294-8

Wann darf der Lokführer aufs Klo?
Verblüffende Antworten über die Bahn
ISBN 978-3-86613-524-6

Wo beginnt der Regenbogen?
Verblüffende Antworten über Himmel und Erde
ISBN 978-3-86613-507-9

Wie schnell ist die Feuerwehr?
Verblüffende Antworten über die Feuerwehr
ISBN 978-3-86613-523-9

Frieren Pinguine an den Füßen?
Verblüffende Antworten über Eis und Schnee
ISBN 978-3-86613-525-3

Wie kommt der Fisch in die Stäbchen?
Verblüffende Antworten aus dem Alltag
ISBN 978-3-86613-533-8

DRACHEN

Herbst – die beste Zeit zum Drachensteigen! Was sich sonst noch mit Drachen machen lässt, erfährst du hier.

Wellenfeger

Der Kitesurfer steuert einen Drachen, der ihn mit seinem Surfbrett übers Wasser zieht. Bei starkem Wind kann der Drachen den Surfer sogar bis zu 20 Meter hoch in die Luft reißen.

Rekorddrachen

Hier startet der größte Drachen der Welt! Über 200 Drachenpiloten helfen zusammen, um den 64 Meter langen und 42 Meter breiten Mega-Ray in die Luft zu bekommen.

Minidrachen

Zum Basteln brauchst du:

- 1 Blatt dickes Papier (DIN A4)
- 1 Holzspieß oder langer Strohhalm
- 1 dünne Plastiktüte
- 3 bis 5 Meter fester Nähfaden
- 1 Papprolle (Klopapier)
- Lineal, Stift, Locher, Klebeband, Schere

Drachenkörper

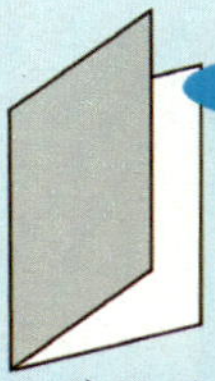

1) Nimm das Papier quer und falte es in der Mitte.

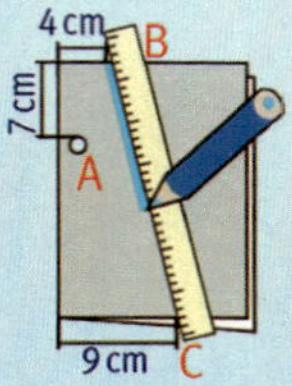

2) Mach bei A mit dem Locher ein Loch. Zeichne eine Linie von B nach C.

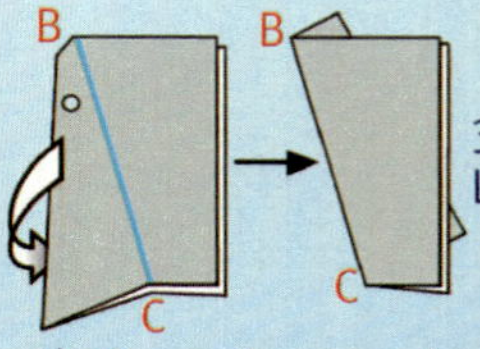

3) Falte an dieser Linie das Blatt.

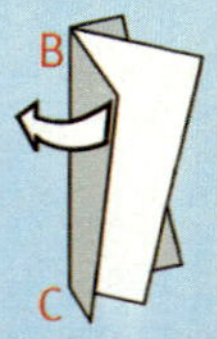

4) Klappe die obere der beiden Seiten auf (Drachenflügel).

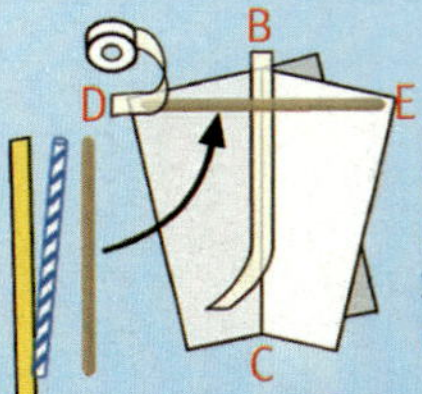

5) Gib Klebeband auf die Faltkante von B nach C. Lege Holzspieß oder Strohhalm von D nach E und klebe ihn fest.

Drachenschwanz

6) Schneide bei der Plastiktüte die Griffe ab – die brauchst du nicht. Den Rest der Tüte schneidest du wie eine Spirale auf. Das wird der Drachenschwanz. Klebe ihn mit Klebeband am Drachen bei F fest.

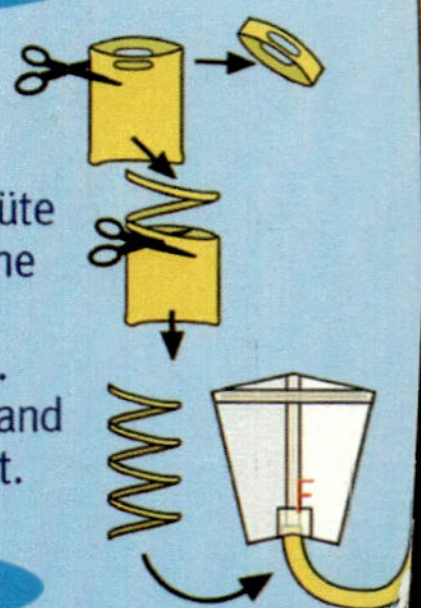

Drachenschnur

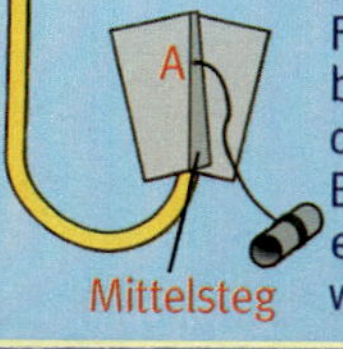

Mittelsteg

7) Drehe den Drachen um. Falte den Mittelsteg hin ur bis er senkrecht steht. K den Faden durch das Lo Befestige das andere F ende an der Papproll wickle den Faden au